Emanuel Fonth

Multimedia-Datenbanken in Medienunternehmen: Technische Grundlagen

GRIN Verlag

Bibliografische Information der Deutschen Nationalbibliothek:

Die Deutsche Bibliothek verzeichnet diese Publikation in der Deutschen National-
bibliografie; detaillierte bibliografische Daten sind im Internet über http://dnb.d-
nb.de/ abrufbar.

Impressum:

Copyright © 2003 GRIN Verlag GmbH
Druck und Bindung: Books on Demand GmbH, Norderstedt Germany
ISBN: 978-3-638-77757-5

Dieses Buch bei GRIN:

http://www.grin.com/de/e-book/14528/multimedia-datenbanken-in-medienunter-
nehmen-technische-grundlagen

GRIN - Your knowledge has value

Der GRIN Verlag publiziert seit 1998 wissenschaftliche Arbeiten von Studenten, Hochschullehrern und anderen Akademikern als eBook und gedrucktes Buch. Die Verlagswebsite www.grin.com ist die ideale Plattform zur Veröffentlichung von Hausarbeiten, Abschlussarbeiten, wissenschaftlichen Aufsätzen, Dissertationen und Fachbüchern.

Besuchen Sie uns im Internet:

http://www.grin.com/

http://www.facebook.com/grincom

http://www.twitter.com/grin_com

Multimedia-Datenbanken in Medienunternehmen: Technische Grundlagen

von

Emanuel Fonth

LUDWIGS-MAXIMILIANS-UNIVERSITÄT MÜNCHEN

Seminar für Wirtschaftsinformatik und Neue Medien

SEMINAR "CONTENT LIFECYCLE MANAGEMENT"

SOMMERSEMESTER 2003

Multimedia-Datenbanken in Medienunternehmen: Technische Grundlagen

Emanuel Fonth

Inhaltsverzeichnis

Abkürzungsverzeichnis

API   Application Programming Interface

BLOB   Binary Large Objekt

Codec   Programm oder Gerät, das digitale Videos komprimiert und
            dekomprimiert

DBMS   Datenbankmanagementsystem

DML   Data Manipulation Language

IR   Information Retrieval

LDU   Logical Data Unit

MIDI   Musical Instrumental Digital Interface

MMDB   Multimedia-Datenbank

MPEG   Moving Picture Experts Group

MP3   MPEG Layer 3

W3C   World Wide Web Consortium

WAV   Wave Datenformat

Abbildungsverzeichnis

Multimedia-Datenbanken in Medienunternehmen: Technische Grundlagen

1 Einleitung

Medienunternehmen stehen seit dem Wandel zur Informationsgesellschaft vor wachsenden Anforderungen was Multimediasysteme anbelangt. Ein entscheidender Schritt in der Medienbranche war die Digitalisierung von Daten. Durch sie wurde es möglich, dieselben Inhalte auf mehrere Darstellungsformen zu übertragen (sog. Mehrfachnutzungsstrategie). Begünstigt wurde dieser Fortschritt durch das Verschmelzen der Branchen Telekommunikation, Informationstechnologie und Medien (sog. Medienkonvergenz). Die rasante Entwicklung von stationären und mobilen Endgeräten bietet seitdem eine Vielfalt an Vertriebsmöglichkeiten multimedialer Inhalte. Dieser technologische Wandel in Produktion, Verwaltung und Vertrieb stellt jedoch neue technische Anforderungen an Multimedia-Datenbanken (MMDB). Konventionelle Datenbanken eignen sich wegen enormer Datenmengen und unterschiedlicher Strukturen der Medientypen kaum noch, um multimediale Daten adäquat verwalten zu können. Das Thema Multimedia-Datenbank in Medienunternehmen ist ein relativ neuer Bereich auf dem Gebiet der Informationswirtschaft und verdient wegen seiner praktischen Relevanz besondere Aufmerksamkeit und ist deshalb Gegenstand dieser Arbeit.

Ähnlichkeit mit Datenbank-Systemen scheinen sog. Content-Management-Systeme zu haben, die sich heutzutage fast in jedem Großunternehmen finden lassen. Aber im Unterschied zu MMDB beschränkt sich deren Aufgabe auf die „Trennung von (redaktionellen) Inhalten, also Texten und Bildern, und ihre Präsentation in Gestalt eines Layouts und einer Navigationsstruktur"[1]. Wegen ihrer eingeschränkten Funktionalität bei der Verwaltung multimedialer Daten sollen sie in dieser Untersuchung nicht betrachtet werden.

Im Folgenden werden die Grundlagen multimedialer Datenbanken dargestellt. Einleitend werden in Kapitel 2 die Eigenschaften multimedialer Daten und Dokumente erläutert und der Begriff der „multimedialen Systeme" definiert. In Kapitel 3 wird eine Referenzarchitektur für MMDB, die Geeignetheit

---

[1] Tscherteu (2003).

unterschiedlicher Datenmodelle und Fragen der Datenhaltung diskutiert. Anschließend gibt Kapitel 4 einen Überblick über die grundsätzlichen Systemanforderungen an MMDB. Kapitel 5 fasst die vorangegangenen Erkenntnisse zusammen.

2 Multimediale Datentypen und Dokumente

„Ein Multimediasystem ist durch die rechnergesteuerte, integrierte Erzeugung, Manipulation, Darstellung, Speicherung und Kommunikation von unabhängigen Informationen gekennzeichnet, die in mindestens einem kontinuierlichen (zeitabhängigen) und einem diskreten (zeitunabhängigen) Medium kodiert sind."[2] Nach dieser Definition hat ein MMDB die Aufgabe, multimediale Daten zu speichern und zu verwalten. Daher ist es zweckmäßig, die Grundlagen multimedialer Daten und Dokumente zu untersuchen, um anschließend die Anforderungen an MMDB näher spezifizieren zu können.

Im Mittelpunkt stehen hier die Medientypen Bild, Graphik, Audio und Video sowie die Grundlagen ihrer Präsentation und Struktur. Abbildung 1 zeigt einen Überblick der gängigen Datentypen. Dabei wird eine Differenzierung zwischen statischen und kontinuierlichen Medien vorgenommen. Wichtig ist diese Unterscheidung vor allem deshalb, weil kontinuierliche Medientypen im Vergleich zu statischen zeitabhängig sind und wesentlich mehr Speicherplatz beanspruchen. Dasselbe gilt für Audiosequenzen und Kombinationen der beiden kontinuierlichen Medientypen.[3]

Innerhalb eines Medientyps findet man außerdem folgende Einteilung von Daten:
„(I) Rohdaten zur Beschreibung unformatierter Informationseinheiten, z.B. als Folge oder Menge von Symbolen, Pixels oder Abtastwerten (sog. BLOBs).
(II) Registrierungsdaten erlauben die korrekte Interpretation der Rohdaten, z.B. durch Kodierung und Größe eines Bildes.(...)
(III) Beschreibungsdaten sind im wesentlichen redundante Informationen für Suchanfragen, z.B. textuelle Bildbeschreibung. Sie können sowohl unstrukuriert als auch strukturiert vorliegen."[4]

---

[2] Steinmetz (2000), S.13.

[3] Vgl. Lehner (2001), S. 58.

[4] Merten / Grauer (1999), S. 55.

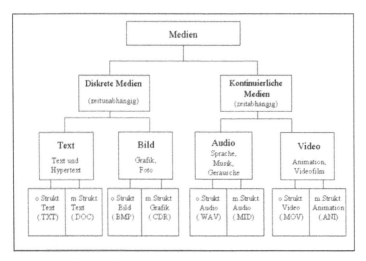

Abb. 2-1: Medienkategorien, geordnet nach den Kriterien statisch/kontinuierlich und mit/ohne Struktur, mit jeweils einem Formatbeispiel (Quelle: Lehner (2001), S.82)

In diesem Zusammenhang soll der Begriff der „Multimedia-Dokumente" erläutert werden: „Ein Multimedia-Dokument ist durch Informationen gekennzeichnet, die in mindestens einem kontinuierlichen und einem zeitabhängigen Medium kodiert sind. Eine Integration der verschiedenen Medien ist durch enge Beziehungen zwischen Informationseinheiten gegeben. Dies wird auch als Synchronisation bezeichnet." Ein Austausch von Dokumenten bedeutet sowohl eine Inhalts- als auch eine Strukturübermittlung und erfordert die Verwendung einer Dokumentenarchitektur.[5] Multimedia-Dokumente beschreiben also die synthetische Medienzusammensetzung. Sie spielen bei der Verwaltung von Multimedia-Daten eine bedeutende Rolle, da in vielen Fällen die Dokumentenmodelle für die Darstellung von Metadaten benutzt werden[6]. Eine standardisierte Architektur ist SGML (Standard Generalized Markup Language), die auf Printmedien unterschiedlicher Art ausgerichtet ist. „SMIL" (ausgesprochen wie das englische Wort 'smile') ist ein vom W3C unterstützter, auf XML basierender Standard für Multimedia, der einen anderen Ansatz verfolgt. Mit SMIL werden Zeitpunkt, Bildschirmlayout, Interaktion und alternative Darstellungsmöglichkeiten von Multimediapräsentationen festgelegt. Statt separater

---

[5] Steinmetz (2000), S. 695 f.

[6] Vgl. Steinmetz (2000), S. 396 f.

Audio- und Videodarstellungen sind diese Objekte in die zugehörigen Dokumente integriert. Dadurch wird eine sinnvolle Kombination von Information, Präsentation, zusätzlichen Multimediaobjekten und Interaktionsmöglichkeiten möglich.[7]. Solche Informationsarchitekturen verwenden Datenabstraktionen, deren Ziel eine integrierte, d.h. einheitliche Beschreibung und Behandlung aller Medien ist.[8] Nachfolgend werden die unterschiedlichen Medientypen (innerhalb des objektorientierten Paradigmas auch Objekte genannt) vorgestellt.

2.1 Text

„Text ist einer der wichtigsten Träger zwischenmenschlicher Information."[9] Fast jede multimediale Anwendung benötigt zum Öffnen, Manipulieren und Speichern textuelle Elemente. Das Abspielen von Audio- bzw. Videodateien auf einem PC wäre ohne den Datentyp „Text" nicht möglich, da man Dateiname und Format des jeweiligen Medientyps nicht speichern könnte.

Der abstrakte Datentyp „Text" liegt, wie auch jeder andere Medientyp, in strukturierter oder unstrukturierter Form vor. Einzelne Abschnitte eines MS-Word Dokumentes sind durch Zuweisungen von Formatvorlagen strukturiert und hierarchisch geordnet, wohingegen ein Fließtext eines einfachen Text-Editors unstrukturiert ist. Gemeinsam ist beiden Datentypen die sequentielle Form der in ihnen enthaltenen Daten.[10]

Eine Weiterentwicklung des linearen Textes stellt die Entwicklung des Hypertextkonzepts dar, dessen Besonderheit der benutzergesteuerte Lesefluss bzw. die nicht-lineare Informationsverkettung ist. Somit hat Hypertext von den drei genannten Formaten den höchsten Strukturierungsgrad. Die Verknüpfungen zwischen Informationseinheiten (LDUs) sind bei der Suche und Zusammenstellungen von Textabschnitten sehr hilfreich, da man schnell die benötigten Informationen findet, ohne den ganzen Text lesen zu müssen.

---

[7] Vgl. Niewisch (2000).

[8] Vgl. Steinmetz (2000), S. 695.

[9] Grauer / Merten (1997), S. 39.

[10] Vgl. Lehner (2001), S.59.

4

2.2 Bild

Unter den Medientyp „Bild" werden in der Literatur Grafiken und reale bzw. digitale Bilder subsumiert. „Ein digitales Bild besteht aus N Zeilen mit jeweils M Bildpunkten, den sog. Pixels."[11] In einer Bitmap werden diese Werte als Binärzahlen gespeichert. Unkomprimierte Bilder weisen im Vergleich zu Grafiken hohe Datenmengen auf; zum Beispiel benötigt ein digitalisiertes Bild mit einer 24-Bit Farbtiefe und 640*480 Pixels einen Speicherplatzbedarf von 900 KB.[12] Grafiken können durch grafische Primitive und deren Attribute spezifiziert werden. Zur Kategorie der grafischen Primitive gehören Linien, Rechtecke, Kreise und Ellipsen. Attribute wie der Stil der Linien, deren Breite und Farbe bestimmen so das Aussehen einer Grafik [13] Im Gegensatz zu Bildern werden Grafiken nicht durch Bildpunkte beschrieben, sondern durch die eben erwähnten Primitive, sowie Vektoren zur Spezifikation von Objekten.[14]. Diese Technik der Bildbeschreibung hat einen hohen Strukturierungsgrad zur Folge, was je nach Kodierung den geringen Speicherplatzbedarf von 10 bis 40 KB erklärt. „Im Internet sind kaum Vektorgrafikformate im Einsatz. Zeichnungen werden üblicherweise in GIF- oder anderen Rastergrafiken umgewandelt, bevor sie in HTML-Seiten eingebunden werden."[15]

2.3 Audio

Wegen ihrer technischen und kommerziellen Bedeutung werden in diesem Abschnitt digitale Audioformate kurz erklärt. „Unstrukturierte Audiodaten sind einer Menge von sequenzierten Daten einer Tonaufnahme. Die Grundeinheiten der Audiodaten werden als Samples bezeichnet."[16] Ein weit verbreitetes Audioformat ist WAV, das sich als Standard im Vertrieb von CDs etabliert hat.

Strukturierte Audiodaten werden durch eine Sequenz unabhängiger Komponenten beschrieben, die allerdings in der Zeit festgelegt sind. Jeder dieser Komponenten

---

[11] Steinmetz (2000), S. 47.

[12] Vgl. Lehner (2001), S. 59.

[13] Vgl. Steinmetz (2000), S. 47.

[14] Vgl. Grauer / Merten (1997), S. 42.

[15] Lehner (2001), S. 111.

[16] Lehner (2001), S. 83.

wird durch eine Beschreibung (Note, Dauer, Klang) festgelegt.[17] So beinhaltet das MIDI-Datenformat nicht die Kodierung individueller Abtastwerte. Statt dessen wird für ein Instrument ein spezifisches Datenformat verwendet.[18]

Wegen seiner hohen Verbreitung sollen abschließend die Eigenschaften des Audioformats MP3 skizziert werden. „MP3 ist die Abkürzung für MPEG Layer 3, ein vom Fraunhofer-Institut entwickeltes Verfahren zur Komprimierung von Audiodateien. Hierbei werden die vom menschlichen Ohr nicht wahrnehmbaren Frequenzbereiche herausgefiltert, so dass eine 12-fache Datenreduktion erzielt werden kann. (...) Wegen der hohen Kompressionsrate eignen sich MP3-Dateien gut zur Übertragung von Audiosignalen im Internet.“[19]

2.4 Video

Im Folgenden sollen die technischen Grundlagen von Analog- bzw. Digitalvideos dargestellt werden.

Informationen in analogen Videos werden durch Veränderung der Signalamplitude oder –Frequenz kodiert. „Diese Informationen werden in Abhängigkeit des zugrunde liegenden Codierungsverfahrens in Frames[20] eingeteilt. Dabei wird für eine ruckelfreie Widergabe eine Frequenz von 25-75 HZ angenommen. (…) Aus dem Bereich der Unterhaltungselektronik kennt man 4:3 (Normalformat) und 16:9 (Breitformat).“[21]

Die Konvertierung von Analogvideo zu Digitalvideo wird allgemein als *Sampling* bezeichnet. „Die Framerate bei digitalem Video sollte bei Vermeidung von Qualitätsverlusten 25-39 Frames betragen. (…) Die Datenrate ist abhängig von der Kompression.“[22]

---

[17] Vgl. Lehner (2001), S. 83.

[18] Vgl. Steinmetz (2000), S. 33.

[19] O.V. (2003).

[20] Ein Frame besteht aus einer Folge von horizontalen Linien, die von hrizontalen Freiintervallen getrennt werden. Die Framerate wird in Frames/sec. oder Hz gemessen.

[21] Grauer / Merten (1997), S. 45.

[22] Grauer / Merten (1997), S. 47.

3 Architektonische Perspektive auf Multimedia-Datenbanken

Themen dieses Kapitels sind die Darstellung einer Referenzarchitektur für MMDB, die Eignung unterschiedlicher Datenmodelle und ein Konzept zur Datenhaltung.

3.1 Komponenten multimedialer Datenbank-Systeme

In diesem Kapitel wird eine Referenzarchitektur für multimediale Datenbanken von Klas und Aberer erörtert und dabei auf die Basiskomponenten und ihre Funktionen eingegangen.[23] Die Architektur basiert auf dem Client/Server-Konzept. Die Basiskomponenten auf Seite der Clients setzen sich wie folgt zusammen:

- Ein Mulimedia Playout Manager für die Unterstützung der Darstellung und Synchronisation multimedialer Inhalte,

- monomediale Präsentationstools (Single-Medium Presenters)- nicht zu verwechseln mit medienspezifischen Editoren - die in Kombination der Präsentation zusammengesetzter multimedialer Informationen dienen,

- ein Presentation Script[24] Interpeter zur Enkodierung der Präsentation,

- kontinuierliche Object Management Services für Retrieval und Steuerung kontinuierlicher Datenströme von Datenbank Servern.

Die Komponenten auf Serverseite sind:

- Konventionelle Services für das Objektmanagement konventioneller Daten, Transaktionsmanagement, Abfragebearbeitung, usw.

- kontinuierliche Objekt Management Services für zeitabhängige Daten, die gemäß den Quality of Service Parametern über Breitbandnetze vom Server zu den Datenbank-Clients übertragen werden,

- Unterstützung von externen Speichermedien wie zum Beispiel CD-ROMS, und

- Metadaten, sowie inhaltsbasierte Retrieval Mechanismen.

---

[23] Vgl. Klas, Aberer (1997), S. 54.

[24] Kurzes Steuerprogramm und/oder Auflistung der Computeraktivitäten.

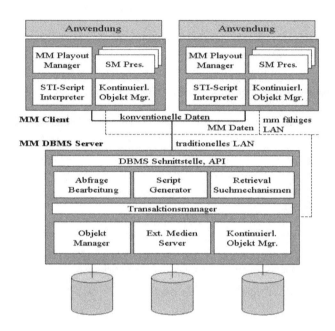

Abb.3.1-1: Referenzarchitektur multimedialer Datenbanksysteme (Quelle: Klas / Aberer (1997), S. 55)

Diese Darstellung folgt nun eine Analyse der Eignung verschiedener Datenmodelle für Multimediale Datenbanken. Anschließend wird in Kap 3.2 die Art der Datenhaltung für Multimediale Datenbanken diskutiert.

3.2 Datenmodelle (logische Sicht)

„Der grundlegende Unterschied zwischen herkömmlichen Daten und multimedialen Daten gibt auch die Art des benötigten Datenbanksystems wieder. Ein konventionelles relationales DBMS dient zur Verarbeitung von Daten, die in bezug auf ein Datenmodell strukturiert sind. (...) Bei einem MMDB ist dies anders: Je nachdem, welche Operationsarten das MMDB unterstützt, sind verschiedene Datenmodelle erforderlich"[25]

---

[25] Steinmetz (2000), S. 390.

Wegen der oftmals notwendigen Synchronisation oder der viel höheren Interaktivität liegt es in der Natur multimedialer Daten, dass neue Ansätze in der Datenmodellierung angewendet werden müssen. Eine Möglichkeit besteht darin, konventionelle Datenmodelle (relational oder objektorientiert) um Methoden und Schnittstellen für multimediale Daten zu erweitern.[26] Das Problem dabei ist, „dass sich die vom DBMS intern verwendeten Strukturen nicht besonders gut für Multimediadaten eignen; deshalb passiert es leicht, dass die aufgesetzten Methoden bzw. Schnittstellen sich aufblähen und so zum Flaschenhals des Systems werden."[27]

Die zweite Möglichkeit ist die Neuentwicklung eines Datenmodells auf Basis objektorientierter Techniken, die nach Ansicht von Experten erforderlich ist, um multimediale Daten adäquat abbilden zu können. Aufgrund der Komplexität von Multimediadaten spielt die Objektorientierung bei dem Entwurf multimedialer Datenbanken eine besondere Rolle. Da es an dieser Stelle zu weit führen würde, auf die Prinzipen des objektorientierten Paradigmas einzugehen, soll auf einschlägige Literatur[28] verwiesen werden.

Obwohl objektorientierte Datenbanken am Markt kaum Verbreitung gefunden haben, erkennen die Hersteller traditioneller DBMS wie IBM den Bedarf an leistungsfähigen DBMS für multimediale Daten in der Medienbranche und haben in ihre relationale Datenbank DB2 objektorientierte Erweiterungen und Extenders (Text, Bild, Audio und Video) integriert.[29]

Dass Objektorientierung bei dem Entwurf einer Multimedia-Datenbank zum Erfolg führen kann, hat das Berliner Unternehmen PPS gezeigt. Mit dem objektorientiertem Datenbanksystem Poet Object Server sammelt es „Programminformationen von Fernsehsendern, legt sie systematisch ab und bereitet sie für Tageszeitungen und Programmzeitschriften, für gedruckte und elektronische Medien auf."[30]

Ob man sich nun beim Entwurf oder der Anschaffung eines MMDB für ein relationales, objektrelationales oder objektorientiertes Datenmodell entscheidet, hängt vom jeweiligen Medientyp und den in ihm implementierten Operationen ab. Je

---

[26] Lehner (2001), S. 92.

[27] Lehner (2001), S. 92.

[28] Vgl. Oestereich, B. (2001).

[29] O.V. (2003).

[30] O.V. (2003).

komplexer die Objekte und ihre Beziehungen zueinander sind, umso mehr eignet sich das objektorientierte Paradigma zur Datenmodellierung.

3.3 Datenhaltung (physische Sicht)

Dem Aspekt der multimedialen (Meta-) Datenhaltung wird in der Literatur nur wenig Beachtung geschenkt, da diese Problematik relativ neu und von den verwendeten Medientypen abhängig ist. Bei der Organisation von Datenbeständen stellt sich immer wieder die Frage, ob man geschäftskritische Daten zentral oder dezentral halten soll. Deshalb wird im folgenden ein Ansatz entwickelt, der auf die Fragestellung nach der Datenhaltung in Medienunternehmen eine Antwort geben soll. Auch die Frage nach der Metadatenhaltung ist von Belang und wird vor dem Hintergrund eines effektiven Information Retrievals (IR) untersucht.

Datenhaltung / Einflussfaktoren	Medienspezifische, dezentrale (Meta-) Datenhaltung	Dezentrale Datenhaltung, Zentrale Meta-Datenhaltung	Zentrale (Meta-) Datenhaltung
Datenverkehr	hoch	mittel	niedrig
Medientyp	kontinuierlich		statisch
Strukturierung der Mediendaten	hoch	mittel	niedrig

Abb. 3.3-1: Empfehlung zur Datenhaltung in Medienunternehmen (eigene Quelle)

Die Kriterien für eine Entscheidung bezüglich der Datenhaltung sind das Übertragungsvolumen an Daten in Medienunternehmen, der vorherrschende Medientyp sowie der Strukturierungsgrad der Medientypen. Der Datenverkehr und die technische Infrastruktur sind dabei maßgebend für diese Entscheidung. Jedoch kann in Fällen besonders leistungsstarker Breitbandnetze bei mäßigem Datenverkehr eine zentrale Datenhaltung aus Wartungsgründen sinnvoll sein. Des weiteren beansprucht die Übertragung von Bild-, Audio und Video-Dateien enorme Netzwerkressourcen. Der vorherrschende Medientyp trägt deshalb ebenfalls zur Entscheidungsfindung bei. Das letzte Entscheidungskriterium betrifft die Strukturierung der Mediendaten. Der Gedanke dahinter ist, dass das IR bei wenig strukturierten Mediendaten zentral besser funktioniert, da es dazu nur einen

Datenpool durchsuchen muss; bei guter Strukturierung wird der Suchvorgang hingegen direkt an einen dedizierten Server umgeleitet.

4 Anforderungen an Multimedia-Datenbanken

„In Multimedia-Systemen fallen, gerade unter der Berücksichtigung kontinuierlicher Medien meist große Datenmengen an, die in unterschiedlichen Formaten ggf. auf unterschiedlichen Datenträgern gespeichert und verwaltet, aber auch transportiert und präsentiert werden sollen.“ [31] Neben den konventionellen Funktionalitäten wie Persistenz und Integritätsregeln stellen sich deshalb neue Anforderungen an MMDB die im folgenden erklärt werden.

4.1 Quality of Service

„Die Dienstgüte (Quality of Service) definiert Anforderungen an die Präsentation eines Multimedia-Datenstroms, die sowohl vor der Präsentation bestehen können oder auch erst zur Präsentationszeit definiert werden.“[32] Hierbei handelt es sich überwiegend um den synchronen Übertragungsmodus von Datenpaketen. Eine wesentliche Anforderung an MMDB ist dabei eine maximale Ende-zu-Ende-Verzögerung, die auch als Echtzeitanforderung definiert ist. „Diese zeitlichen Restriktionen sind nur durch eine geeignete Systemunterstützung einzuhalten. Daher sind z.B. im Betriebssystem bereits geeignete Mechanismen für das Echtzeitscheduling und die Ein-/Ausgabe zu implementieren, um Echtzeittransaktionen zu unterstützen.“[33]

„In manchen Fällen ist ein eigenständiger Synchronisationsmanager (vgl. Kap. 3.1) in einem DBMS sinnvoll, um die zeitliche Korrektheit innerhalb eines bestimmten und zwischen unterschiedlichen Datentypen zu gewährleisten.“[34]

---

[31] Grauer / Merten (1997), S. 72.

[32] Grauer / Merten (1997), S.62.

[33] Grauer / Merten (1997), S.74.

[34] Lehner (2001), S. 89.

4.2 Informationsextraktion und Information Retrieval

„Wie in traditionellen Datenbanken kann multimediale Information anhand von Vermerken, Attributen, Schlüsselwörtern (Keywords) oder einer Kombination daraus wiedergefunden werden. Unter diesen ist die Verwendung von Keywords die gebräuchlichste Methode zur Indexierung."[35] Die komplexen Strukturen multimedialer Objekte erfordern jedoch neue Mechanismen der Informations-extraktion. Abfragesprachen wie SQL für relationale Systeme greifen dabei zu kurz, da Abfrageergebnisse in dieser Form meist nicht die gewünschte Granulation haben, d.h. zu einer Abfrage mit einem oder mehreren Schlagworten erhält man in der Regel nur ungenaue Ergebnisse.

Während der letzten Jahre ist die Forschung auf dem Gebiet der inhaltsbasierten Indexierung vorangetrieben worden mit dem Ziel, bestimmte Eigenschaften direkt aus den Daten zu gewinnen. Beispielsweise wird bei Bildern versucht über Charakteristika wie Farbe, Form, Texturen etc. diese nachträglich zu beschreiben und zu strukturieren. Die Informationsextraktion bei Video verhält sich ähnlich. Das Verfahren der „Video-Sequenz-Analyse" zerlegt eine Video-Sequenz erst in einzelne Szenen, anschließend werden repräsentative Einzelbilder, sogenannte Key-Frames zur Repräsentation der jeweiligen Szene ausgewählt. Leider sind diese Techniken bei weitem noch nicht praxistauglich, so dass man auf technische Verbesserung gespannt sein darf.[36] „Sowohl keywordbasiertes als auch inhaltsbasiertes IR sollte in MMDB unterstützt werden mit der Möglichkeit, Anfragen zu optimieren und umzuformulieren."[37]

4.3 Speicherverwaltung

Eine weitere Forderung an MMDB ist die effiziente Speicherverwaltung. Bild-, Ton-, Videodateien benötigen viel Speicherplatz. „Unter diesen Umständen ist es unwirtschaftlich, konventionelle Onlinespeicher zu verwenden. Das Datenbanksystem muss die Fähigkeit haben, sich bei Bedarf Medien von Near-Line-Speicher zu beschaffen (also z.B. von automatischen magneto-optischen oder

---

[35] Lehner (2001), S. 86.

[36] Lehner (2001), S. 86 f.

[37] Lehner (2001), S. 89.

optischen Speichersystemen); dabei sollten effiziente Caching[38]-Strategien zum Einsatz kommen."[39] Des weiteren müssen Multimediasysteme und somit MMDB komprimierte Video- und Audioströme verarbeiten können, um kostengünstige und realisierbare Lösungen anzubieten.[40]

4.4 Formatunterstützung

„Es existieren viele verschiedene Datentypen und –formate und laufend werden neue entwickelt. Ein Datenbanksystem sollte populäre Typen und Formate daher ausreichend unterstützen und gleichzeitig leicht erweiterbar sein, um mit neueren oder spezielleren Formen umgehen zu können."[41] Das bedeutet im Umkehrschluss, dass in einem MMDB eine API implementiert sein muss, um es um neue Formate und deren Operationen erweitern zu können.

4.5 Manipulation multimedialer Daten

Eine der drei Hauptfunktionen von Datenbanken ist das Manipulieren von Daten. Für MMDB bedeutet das, dass Instrumente zur Manipulation von Objekten implementiert werden müssen.

„Da Standard-Programmiersprachen keine kontinuierlichen Datentypen unterstützen, muss weiterhin eine Sprache zur Manipulation multimedialer Daten (DML) oder eine ähnliche Hilfe vorhanden sein."[42] Spezielle Medieneditoren sollten deshalb in die MMDB integrierbar sein, was die Existenz von Schnittstellen voraussetzt.

5 Zusammenfassung und Ausblick

„Für integrierte Multimediasysteme werden Datenbanktechnologien eine zentrale Bedeutung haben. Im Bereich der Verwaltung multimedialer Daten (...) ist derzeit

---

[38] Cache ist ein Zwischenspeicher. Beim Browser-Cache ist dies ein Zwischenspeicher auf der Festplatte. Im Cache werden die über das Internet abgerufenen Dateien (HTML-Seiten, GIF-/JPG-Bilder, ...) zwischengespeichert. Beim erneuten Aufruf einer URL müssen häufig angeforderte Daten nicht jedes Mal neu geladen werden.

[39] Lehner (2001), S. 88 f.

[40] Vgl. Steinmetz (2000), S.113.

[41] Lehner (2001), S. 88.

[42] Lehner (2001), S. 89.

eine Spezialisierung auf einzelne Datentypen, insbesondere Video, zu beobachten."[43] Die relativ geringe Komplexität bedingt durch die Singularität solcher Systeme führt zu durchaus befriedigenden Ergebnissen. Im Sinne einer medienübergreifenden Integration haben MMDB das Potential, die verschiedenen Medientypen effizient und effektiv zu speichern und zu verwalten, was vor dem Hintergrund des steigenden Datenaufkommens in der Medienbranche relevant ist. Die rasante Entwicklung immer neuer Kompressionsverfahren audiovisueller Datenformate stellen Entwickler vor anhaltende Herausforderungen. Immer neuere und bessere Codecs stehen zur Verfügung, die bei der Entwicklung von MMDB gewissermaßen antizipiert werden müssen, damit die Anschaffung nicht in eine Einbahnstraße führt.

Das Gebiet des inhaltsbasierten IR birgt enormes Rationalisierungspotential in sich, jedoch auch etliche Probleme technischer Art, die Gegenstand intensiver Forschungsarbeiten sind, so dass man in naher Zukunft auf vorzeigbare Ergebnisse gespannt sein darf.

---

[43] Grauer/ Merten (1999), S. 65.

Literaturverzeichnis

- Aberer, K./ Klas W. (1997): Multimedia and its impact on Database Architectures. In: Apers, P.M.G./ Blanken, M.M./ Houtsma, M.A.W. (1997, Hrsg.): Multimedia Databases in Perspective, Berlin Heidelberg New York, S. 54-61.

- Grauer, M. / Merten, U. (1997): Multimedia, Berlin Heidelberg.

- Lehner, F.(2001): Einführung in Multimedia, Wiesbaden.

- Merten, U. / Grauer, M. (1999): Speicherung und Verwaltung multimedialer Inhalte. In: Schumann, M./ Hess, T. (1999, Hrsg.): Medienunternehmen im digitalen Zeitalter, Wiesbaden, S. 54-55.

- Niewisch, S. (2003): Neue XML-Medien-Formate, http://www.niewisch.de/fachtexte/download/xml_multimedia.pdf, o. Jg., Abruf am 2003-05-25.

- O.V. (2003): MP3, Streaming, http://userpage.fu-berlin.de/~hoige/wbi/diskussion/diss3/messages/38.htm, o. Jg., Abruf am 2003-05-20.

- O.V. (2003): DB2 Universal Database, http://www-5.ibm.com/de/software/data/sw/db2udb.html, o. Jg.,Abruf am 2003-05-25.

- O.V. (2003): Datenbanken- Bilder sind kein Luxus, http://www.informationweek.de/index.php3?/channels/channel12/001930a.htm, 2000-08-10, Abruf am 2003-05-06.

- Oestereich, B.: Objektorientierte Softwareentwicklung, 5., überarb. Aufl., München

- Steinmetz, R. (2000): Multimedia-Technologie, 3., überarb. Aufl., Heidelberg

- Tscherteu, G.(2003): CMS – Definition, http://www.realitylab.at/radio/stories/2002/10/14/cmsDefinition.html,Abruf am 2003-04-2003.